Noche sin Luna

Noche sin Luna

Concha Mendoza

EDICIONES
Aguere

Colección dirigida por: Ánghel Morales
García Directora de arte: Sara Hernández
Maquetación: Marina Zambrana

Noche sin Luna

Primera edición: 2024
© De la edición:
Ediciones Idea, 2024
Ediciones Aguere, 2024
© Del texto: Concha Mendoza
© Fotografía de la portada: Concha Mendoza

Ediciones Idea
• San Clemente, 24 Edif. El Pilar
38001, Santa Cruz de Tenerife
Tel.: 922 532 150
Fax: 922 286 062
• León y Castillo, 39 - 4º B
35003 Las Palmas de Gran Canaria
Tel.: 928 373637 - 928 381827
Fax: 928 382196
correo@edicionesidea.com
www.edicionesidea.com

Ediciones Aguere
• Tribulaciones, 23
38001, Santa Cruz de Tenerife
Tel.: 922 288 724 / 676 863 442
nacioncanaria@hotmail.es

Fotomecánica e impresión: Gráficas Tenerife, S.A.
Impreso en España - *Printed in Spain*
ISBN: 978-84-19-681-88-1
Depósito Legal: TF 85-2024

Este libro protege el entorno

Agradecimientos

Hoy quiero mostrar, con toda mi alma, mi más sincero agradecimiento a todas las personas que han estado junto a mí en este proyecto. Un proyecto en el que me ha sido muy complicado plasmar estas páginas, pero que me han servido para fortalecer mi alma, para fortalecerme a mí misma, convencerme de que me quedo con lo que me dejó, que es mucho.

A ustedes, mis queridos hijos, nueras, nietos y biznietos, que me han dado el impulso necesario con todo el cariño y amor que me han mostrado.

A Francisco, que se ha encargado de corregir los textos.

A Arnaldo y Conchi, que han tenido la responsabilidad de escanear las fotos.

A Jesús, Maqui y Carol, que han sido los que me han dado un empujón de cariño, de cuidados y de atendimiento en esta triste etapa.

A mi querida amiga y maestra Mica por apuntarse al proyecto redactando el prólogo.

A Don Ánghel Morales, editor y sobre todo gran amigo, al que le tengo gran aprecio.

Como no, a mi gran amigo Rafael Lutzardo. Siempre está cuando lo he necesitado, por sus visitas llenas de ánimo.

Al profesor Bruno Mesa, por tener siempre el momento de estar conectado conmigo y con la literatura.

A mi querido Valle de Guerra, a todas esas personas que me visitan a diario para darme ánimos y seguir adelante.

A la gente que quiero y que me quieren.

A Don Julio, el sacerdote del pueblo, por la ayuda que he recibido de él dentro de sus posibilidades.

A todos mis compañeros del taller de escritura.

MIL GRACIAS A TODOS.

José Luis Rodríguez Mendoza: viajero de sueños, ilusiones y proyectos

No puedo ocultar, en esta oportunidad, que escribir para este nuevo libro de mi gran amiga Conchita Mendoza supone para mí un deseo y deber moral, pero no exento de responsabilidad en lo que respecta a la parte afectiva del que fuera su hijo, José Luis Rodríguez Mendoza. Por deseo expreso de la autora de este libro, accedí con mucho gusto escribir estas líneas de presentación, pero sin ignorar la importancia del significado que supone el contenido de este texto tan especial para esta gran mujer, la cual se refugia en la magia del poder de la escritura convertida en «morfina» del dolor sentimental de una madre que ha perdido a un hijo.

Un libro, que nace hoy con la clara intención de rendir homenaje a su hijo José Luis Rodríguez Mendoza; persona que falleció recientemente en Argentina. Un homenaje alimentado por los valores afectivos del amor de una madre, hermanos y demás integrantes de una maravillosa familia. Sentimientos que afloran desde el respeto, cariño y admiración hacia la figura de un ser querido, el cual tuve el gusto y honor de conocerle en otra época del pasado.

Del mismo modo, y siendo sincero, no descubro nada nuevo si escribo que buscar el perfil del protagonista en las páginas de este nuevo libro, que se transforma en metamorfosis de sábanas envueltas entre el dolor, lágrimas, sentimientos, recuerdos y alegrías; resulta ser algo significativo y especial, pues no en vano José Luis fue una persona inquieta, inteligente, lleno de ilusiones y sueños. Pero sobre todo, lo que su corazón siempre desprendió en nobleza y amor por las cosas y hacia las personas. Es decir, un verdadero caudal de amor que generó granjearse la simpatía y respeto de su familia y amigos.

Por otro lado, y cuando apenas contaba con dos años y medio de edad, el destino de José Luis quiso convertirlo en emigrante canario. En aquél barco, el trasatlántico " Montserrat", atracado en el muelle de Santa Cruz de Tenerife, partiría, junto con su madre, rumbo a Venezuela, dejando atrás las aguas del Océano Atlántico, para introducirse semanas más tarde en las aguas del país caribeño; cuyo objetivo no era otro que reunirse con su padre José Rodríguez Herrera, marido de Conchita Mendoza. Allí, en país de Simón Bolívar o el Libertador (Venezuela), el vallero José Luis Rodríguez Mendoza, estuvo hasta la edad de seis años; regresando en el mismo trasatlántico *Montserrat*, con su madre y padre a su pueblo natal de Valle de Guerra.

Años más tarde, su formación académica, su inteligencia, espíritu inquieto y galopante, propiciaron que consolidara sus proyectos a nivel profesional, logrando a través de procedimientos selectivos, ocupar plazas laborales con éxito. Es por ello, que su carrera profesional estuvo marcada por su entrega, responsabilidad y por su carácter humilde y positivo con aquellos que fueron en otra época compañeros/as de profesión. Veinte años en la Refinería y otros muchos en RTVE, lo dicen todo. Del mismo modo, José Luis siempre tuvo predilección por la ciencia de la salud, decidiendo realizar los estudios de la carrera de medicina china, consolidándose años más tarde como profesional especializado en acupuntura.

Por último, y por la amistad que tuve con el malogrado amigo José Luis, no tengo la menor duda que fue un viajero de los sueños e ilusiones, logrando todos los objetivos que se propuso a través de su inteligencia, creatividad, imaginación, esfuerzo y sacrificio.

Rafael Lutzardo, periodista y escritor

Prólogo:
Doña Concha Mendoza

Con qué alegría reposaba José Luis en el seno de su madre, sin prisas ni agobios compartía lo más bello: "su existencia". Como una nave tras el viaje interior llega a su destino, donde se hace la luz y es recibido entre sustos, sorpresas y llorando a todo pulmón. El llanto se mezclaba con la alegría, le seguían abrazos, muchos besos y te quieros llenos de miradas, gestos, sentires en un entorno pletóricamente amoroso. Cuando se alojó en tus brazos te percataste de que no habías terminado de coser y tejer sus enseres, que la cuna precisaba unos arreglos, que el moisés seguía en el altillo del armario y que faltaba mucho por colocar en la gaveta de la cómoda asignada a José Luis. El nuevo miembro de la familia parecía ocupar todo el espacio, y el tiempo, hasta que llegó Don José, el afortunado padre, que, en medio de la algarabía, dijo: "bienvenido hijo mío". Entonces, solo entonces, cada persona y cada objeto se resituaron; dejando al recién llegado en el puesto principal.

Desde ese feliz momento, a donde quiera que mirasen en esa preciosa familia, allí aparecía él, José Luis, preguntando, opinando, llorando, cantando, riendo. Tan lleno estaba que la alegría se le escapaba por las rendijas del alma.

Tú, querida Concha, fuiste su puerto sereno, el remanso de paz donde acogerse cuando el mar de la vida se enfurecía.

Aunque el agotamiento apareciese, se menguaba con una simple sonrisa si José Luis estaba presente, entonces vuestras miradas cual flechas dulces y amorosas traspasaban ambos corazones, para que, superando el dolor, llegaran a la sanación.

Así creció José Luis, enfundado entre los amortiguadores del cariño de su madre, sin miedos ni angustias, pues ésta se encargaba alejarlos, cual balones que van fuera.

Por ello se lanzó a explorar el mundo de sus alrededores, probó manjares diferentes a los de la cocina de casa, asintió rodearse de amores nuevos, pero siempre como referente el de su madre.

Comparó, y aunque eligió seguir una vida lejos del entorno de su infancia y juventud, siempre volvía a casa, a los brazos de su querida mamá, ya sea de forma real como virtual, pero estrechando aún más los lazos que los unen.

Un día, de esos que citamos como raros, José Luis fue llamado por un amor tan perfecto, tan bello, tan tierno que le resultó imposible desatender la llamada, pues se trataba del mismo Dios.

Su alma limpia voló, como vuelan las almas, ligeramente sutiles y desde el quicio de la puerta de la casa de su madre, le regaló la más serena de las sonrisas para decirle: «sí, mamá, yo estoy bien, alégrate por mí».

Desde entonces nuestra autora, Doña Concha, supo que el amor cuando es auténtico, como el de José Luis por ella, transciende y avanza atravesando espacios y tiempos para alojarse nuevamente en el seno de donde, un día sesenta y cinco años atrás surgió.

Gracias por enseñarnos con este libro que el amor verdadero, en la lucha de la vida, siempre es el vencedor.

En Valle de Guerra a 2023

M.ª del Carmen Glez. M.

1 de mayo
(Día de las Madres)

Ese día abrí los ojos y contemplé los rayos de sol que se desparramaban en varios colores sobre mi precioso Valle de Guerra, mi amado pueblo.

Me levanté y fui a la cocina para colar el café, recién hecho sabe mejor. Desprendía unos olores que parece que atrajo a la familia. Apareció mi nuera Maqui con mi hijo Jesús y mi nieta Carol. Subían por la escalera que une su casa con mi cocina y traían en las manos una preciosa orquídea y un bizcochón. Luego llegó Francisco con un ramo de anturios blancos y una tarta. Seguidamente llegó Arnaldo con su mujer Conchi con una terrina de flores variadas.

También apareció mi nieto Enrique con su mujer y mis dos biznietos. Creo que se pasaron, porque traían un enorme ramo de flores y como no, otro bizcochón.

Fue un día muy hermoso y bonito donde disfrute con mi familia.

Pero tuve un momento en que todo se empañó de tristeza. Me faltaba aquel ramo de rosas rojas con una tarjeta: «Para ti mami, te queremos. José Luis y Bibi», que siempre me enviaba mi hijo José Luis desde Argentina.

Lo hacía por medio de una floristería del pueblo, ellos se encargaban de traérmelo a casa.

¡Cómo me duele el corazón!

En ese momento cierro los ojos y le ruego a Dios que me llene de calma para no volverme loca.

12 de junio, 2022
(Dedicado a mi esposo)

Hoy hace 18 años que te fuiste de mi lado, aunque no de mi vida. Sé que estás conmigo y junto a mí, que no me abandonas. Fuiste mi primer y último amor. Me enseñaste a amar, a amarte, a amar la vida y la belleza de la naturaleza. Me demostraste que dar vida a un hijo es el más gratificante descubrimiento de la vida.

En el cuerpecito de un hijo se pierden los besos. Con la ternura que sólo pueden tener los padres. La mayor bendición que nos puede dar Dios.

Todo cambia cuando un hijo se va y encima ha perdido a su único amor; la madre, la viejita.

Siente en cada instante de su vida cómo vuela su memoria, intentando recorrer cielo y tierra buscando explicaciones: «¿dónde estará?, ¿cómo estará?»

Hasta que no llegue mi día, los tendré a todos en mis pensamientos.

Porque sólo vivo por ellos y porque los adoro.

«Muchas felicidades, Pepe, junto a tu hijo José Luis. Los quiero mucho, muchos besos».

25 de julio
(La sal)

Hoy es 25 de julio. Estamos a 40 grados, el calor es insoportable. Estamos viendo con desesperación como arden nuestros montes. El que más me impresiona por su proximidad es el de La Orotava y las faldas del Teide. Algo demasiado poco si tenemos en cuenta los que ha habido en la península.

Anoche tuve una conversación con Bibi, la mujer de mi hijo José Luis. Le pedí que hiciera un esfuerzo y me escribiera una página para mi libro. Se puso muy contenta, sigue luchando por sobrevivir en Argentina. Enrique, mi nieto, y su familia están todos bien; trabajando.

Mañana es el día de Santiago, patrón de España. En ese día la mayoría se van a pasar el día en la playa o en el monte. Yo sigo pensando que de momento me quedo en casa, todavía tengo miedo a salir.

Ahora, como decimos los mayores, estoy remendando mis antiguas costumbres. Poco a poco voy añadiendo retazos; por aquí, por allá, algún poema anónimo pegado en la pared.

Donde siento que me llega el aroma de las flores secas junto al mar.

Debe haber algo especial y mágico en la sal. Nos damos cuenta de que está en nuestras lágrimas, pero también está en el mar.

Después de reflexionar todas estas cosas te vuelvo a recordar.

Hasta mañana, Luisito. Volveré a escribirte y te contaré cómo evolucionan los incendios, o te contaré algo de mis clases.

Porque siempre estaré en contacto contigo, te quiero.

Sabor amargo cuando mi alma llora

Los días se hacen largos; tardan demasiado en llegar las noches para cerrar los ojos y trasladarme a otra vida. Aunque sea en sueños. Quiero soñar. Mientras, recuerdo palabra por palabra, gestos y sonrisas llenas de amor y cariño que me vienen a la mente con latidos exánimes y perturbados. Perdóname si mi escritura es fuerte, pero es que ahora lo siento así. Espero que con el paso del tiempo tenga más serenidad y acepte todo lo que Dios nos manda. Mi hijo José Luis y su mujer pensaban regresar pronto de Argentina, pero no salió nada de lo que ellos pensaban. ¡Tengo un vacío tan grande al acostarme por la noche! Es como tener un disco rayado en la cabeza recordándome todo; acaba y vuelta a empezar, acaba y vuelta a empezar...

Tan grande es mi pena que siento que ya no soy la que era antes. Mientras, voy encontrando consuelo en la fe y en la esperanza.

Tengo tanto que agradecer. A toda la gente que me quiere y que nunca me ha dejado sola, gracias. A toda la familia que ha estado conmigo en todo momento, gracias también.

Por todas estas razones he podido sobrellevar este dolor, aunque por dentro del alma me falta un pedazo de mi cuerpo, de mi vida. De un amor estático que había entre él y yo.

«Te fuiste el 28 de marzo de 2022. Donde quiera que estés, tú seguirás a mi lado, y yo seguiré queriéndote».

29 de julio, 2022

Amaneció lloviendo. Una fina lluvia que se extiende por todo el valle. Un día triste y oscuro. Aunque todos deseamos que llueva algo más, porque nos está haciendo mucha falta. Se nos van los montes, sin montes no hay nubes, y sin nubes no hay lluvia, es tan simple como eso. En esta tarde decidí entrar en la habitación de mi hijo José Luis. Se me ocurrió seguir recogiendo sus cosas. Me encontré unos raros envoltorios. Y como dispongo de todo el tiempo del mundo, me puse a verlos con tranquilidad. No esperé por mi nuera Maqui, que me ha ayudado mucho en esto, y a la cual le estoy muy agradecida. Se encontraba trabajando.

Me lo llevé todo para mi rincón. Comencé a desenvolverlo y cuando vi lo que era, me quedé petrificada: «Escuela Superior de Medicina China».

«La Escuela Tradicional de Medicina en colaboración con la Fundación Europea de Medicina Tradicional de Beijing y Yunnan otorga a don José Luis Rodríguez Mendoza el título de Técnico Superior en Medicina Tradicional China por haber superado satisfactoriamente dichos estudios».

Mientras las lágrimas caían por mis mejillas, los leí, uno por uno. Otra cosa no, pero tiempo sí que me sobra y yo sabía, por sus palabras, que sacaba buenas notas; pero al verlas me parecía algo increíble. Siempre en silencio, estudiando. Pensé que fue un ejemplo a seguir.

Adquirió el material que le hacía falta para hacer la acupuntura, la verdad es que tuvo suerte, tenía muchos pacientes.

Querido hijo: permíteme que sea yo, tu madre, la primera persona que te felicite por todo lo que hiciste y todo lo que nos dejaste.

Que Dios te ayude siempre, y que estés junto a tu padre en ese lugar celestial del que nos hablan. ¡Te quiero!

Abrázame desde el cielo

Anoche soñé. Soñé contigo, mi amor.
Soñé que habíamos ido a ver la Virgen de Candelaria.
Me acompañásteis tú y tu querida Bibi.

Entramos en la Basílica para encender unas velas, que como hacíamos siempre, las encendíamos al mismo tiempo. Me dio la sensación de que caminaba sobre una charca; me pareció que estaba congelada. Tenía la sensación que no podía tenerme en pie, siempre resbalaba en el hielo y en el sueño os veía a ti y a Bibi saliendo de la Iglesia. Yo seguía intentando caminar, pero me lo impedían los resbalones. Te veía a ti, en el hielo, jugando con tus pequeños hijos.

De repente, algo llamó mi atención. Una fuerte luz se reflejaba en el hielo. Miré al cielo: era la luna; una luna llena con un inusual brillo que se reflejaba en el hielo.

Cerré los ojos; no sabía si dormía cuando me trasladé a tu niñez. Te observé y te vi tan especial en el momento en que corriendo te abalanzabas a mis brazos. El abrazo más profundo de tantos que me regalaste durante toda tu vida.

Por todo esto solo te pido que me abraces desde el cielo. Sólo así me sentiré bien.

Aprendiendo de las historias

23 de julio, he aprovechado hoy para enriquecerme de las historias que me cuenta la gente que pasa por la calle. Sobre todo, gente mayor. Salgo al patio de mi casa, veo como está el día; últimamente muy soleado. Me saludan para empezar: «¿sabes quién se murió?». Me cuentan con todo detalle los pasos del entierro. Que si la cuñada no iba de negro, que si el marido no lloró, el sobrino se reía... Luego me cuentan historias de aquella persona que vive en Las Toscas.

Me hacen partícipes de separaciones tormentosas, historias de amor y desamor.

Las críticas de algún libro, que no saben por qué se les ocurrió poner esa portada, que por qué las páginas están escritas con pluma... En fin.

La historia de un matrimonio que se fue a Masca. No conocían el lugar y se perdieron. Caminando, llegaron a una cala desde donde pudieron pedir auxilio. Que si fue un helicóptero a rescatarlos.

Ahora he cambiado mi manera de escribir, ahora me inspiro más en los versos. Versos de los cuales no se sabe la edad que tienen y que no se han borrado de mi mente:

Ya no estás más a mi lado, corazón,
en el alma sólo tengo soledad
Porque ya no puedo verte,
Porque Dios me hizo quererte
para hacerme sufrir más.
Que le dio luz a mi vida
apagándola después.

HISTORIA DE UN AMOR, LUIS MIGUEL

Arnaldo
(Los abrazos)

Al hermano menor.

Los viejos recuerdos suenan en mi cabeza, como si fuesen una máquina de escribir.

Un hermano mayor no es más que esa persona que te deja subir a su cama y te deja saltar. Él deja lo que hace en ese momento para ponerse a cantar contigo. Es aquel que te mira de reojo cuando te ve haciendo travesuras y sonríe. Es ese hermano que se va de casa antes de que los demás, a vivir su vida. Y creo que es como tiene que ser. Pero nadie se despide, nadie está preparado para irse. No lo ves alejándose, diciendo adiós con la mano. Ni si quiera has podido darle un abrazo. Y ese vacío no se va. Me hubiese gustado que las cosas fuesen de otra manera; poder despedirme. Por eso, desde hace tiempo, me paso el día abrazando gente.

El agotamiento y la desgana

Los recuerdos. Me siguen acosando, ¿cómo puede ser que recuerde tantas cosas? ¿Cómo es posible almacenar tanto? Ha pasado mucho tiempo. Recuerdo que antes de que mi esposo se fuera a otra vida hablaba mucho con él, sobre todo por las noches. Me acercaba a la terraza y miraba las estrellas dibujadas en el cielo, apoyada en la baranda. Contemplaba la luna llena. Le contaba a mi esposo historias que me inventaba hablando con la luna en mi juventud. Mis hijos estaban fuera. Y yo era feliz contando esas invenciones que me hacían reír y soñar.

Todo ha cambiado. Hace tiempo que no miro a la luna, tampoco a las estrellas. Siento un enorme vacío en mi alma. Me siento desgastada, he perdido todo el interés por aquellas cosas que me fascinaban. Aquellas cosas a las que dedicaba mucho tiempo a observar.

Mi delirio eran las flores. Me esmeraba en su cuidado y ellas me lo agradecían incluso abriéndose de noche, en todo su esplendor.

En este momento de mi vida he perdido el interés. Nada me llama la atención, nada me interesa.

Estoy en un falso sueño del que no puedo despertar. Solamente le pido a Dios que me ayude a despertar. Que me ayude a volver a tener interés por las cosas. No solo por mí, también por todos los que me quieren.

¡Ayúdame Dios mío!

El camino de la paz

Si mañana no despertara
solo piensa que me he dormido.
Piensa que en la paz de mi sueño,
que no me he ido.

También escucha mi música,
lee mis libros,
usa mi ropa,
toma mi copa,
bebe mi vino.

No me recuerdes ausente,
no me busques en el olvido.
Búscame dentro tuyo:
ahí estaré contigo.

MARIO BENEDETTI.

Nunca me separaré de ti hijo del alma. Ni en la vida
ni en la muerte
Siempre serás mi lazarillo.

El cine de doña Ramona

Nos situamos en el año 1950. Cuando eran las fiestas del pueblo mis padres nos vestían con las ropas de gala para asistir al baile. Sí, solo había un baile. Pero ese día era un día especialmente diferente. Doña Ramona había abierto un cine que, aunque aún no estaba terminado, ahí iba a celebrar su primer baile. Nosotras éramos ya adolescentes. Llegamos al cine de doña Ramona y en cuanto entramos, había un grupo de chicos en la entrada. En ese instante, uno de los chicos me miró y por un momento que no sé cuánto duró nos intercambiamos las miradas.

Empezó el baile. No habían pasado ni diez minutos cuando el chico que me había mirado me invitó a bailar. Estuvimos toda la tarde bailando hasta que nos fuimos. Ese chico fue el hombre de mi vida hasta que falleció, y todavía lo sigue siendo.

En este año nos llega la noticia de un fatal desenlace. Doña Ramona había fallecido con ¡98 años! Con ella se nos va la historia de toda una vida de cine, de películas del oeste, de celebraciones de cenas; en definitiva, llegamos con pena a la última página de doña Ramona.

Me acuerdo de la última vez que hablé contigo por video llamada. Me diste la esperanza de que pronto nos veríamos. Al final te fuiste, sin podernos despedir. ¡Qué pena! Espero que saludes a Doña Ramona de mi parte. ¡Cuánto te echo de menos! ¡Cuánto aprendí contigo! Pronto voy a cumplir 90 años, ¿verdad que son muchos?

Más temprano que tarde estaré ahí contigo, con tu padre, y con Doña Ramona.

El gélido frío del amanecer

En una de esas madrugadas, un día me desperté fatal. Me sentía mal, la cabeza me daba vueltas y me dolía todo el cuerpo. Parecía que me habían dado una paliza. Me levanté tan mal que caminaba y se podía oír el silencio. No se oía nada. Después se lo conté a Jesús y a Maqui. Raudos, llamaron al médico. Me hicieron un test de la Covid-19. Me había contagiado con el virus. Por ese motivo me mandaron una gran cantidad de medicamentos y claro, reposo. Aislada durante 15 días. Sin ganas ni de hablar ni de comer. Desde que se fue José Luis había bajado 8 kilos. Se me habían bajado las defensas. El destino, me tocó a mí como le tocó a mucha gente que no pudo contarlo. Menos mal que ya estoy mucho mejor.

Este virus se llevó la vida de muchas personas. Hay mucha gente contagiada y, según han dicho, a veces quedan secuelas.

Tengo miedo. Y creo que no he podido superar todavía este episodio tan fuerte.

Son muchos los recuerdos si tú no estás aquí. No te vayas nunca de mí, sabes que entiendo perfectamente por qué no estás. Porque cuando la vida nos golpea tan violentamente, ¡duele!

Cruzaré llorando mi jardín, ¡qué lejos y qué cerca estás de mí!

Está tu imagen querida
tan pegada a mi deseo,
que si al espejo me miro
en vez de verme, te veo.

RAMÓN DE CAMPOAMOR

En el cielo nos veremos

Te digo, querido hijo: «espérame en el cielo, no te preo-cupes, no faltaré a la cita». Te sueño cada noche. A veces pienso: «quién pudiera rozar solo un pedacito de cielo para inundarte a besos como lo hacía antes, tocar tus mejillas como lo hacía siempre que me acercaba a ti».

Lo he soñado muchas veces después de que te fuiste. Me levanto por la mañana. Lo primero de todo es colar el café; la rutina.

Un día, cualquier día, estaba colando el café y escuché el pestillo de la puerta. Alguien de la familia entraba; todos tienen llave de mi casa. Al mismo tiempo que me llegaba el aroma del café olí tu perfume, ese perfume que solo usabas tú.

Mientras preparaba las tazas para servir el café se confundieron los dos olores y se convirtieron en un único olor.

Esperé impaciente a que entraras y aparecieras. Pero no, la puerta estaba cerrada, no había entrado nadie ¡Qué desilusión!

La vida nos enseña que todo es misterio:

El día que tu naciste
brotaron todas las flores.
Y en la pila del bautismo
cantaron los ruiseñores.

LAS MAÑANITAS, ALFONSO ESPARZA OTEO

Francisco

En los años 70, los niños jugaban con cualquier cosa: con una rama, con una piedra, con palillos de dientes… Hasta con sillas. Me acuerdo de que mi madre tenía unas sillas de tijera. Un día, jugando con una de ellas, se cerró –cosas del diablo, decían– y me escachó un dedo. Ahí estaba siempre José Luis. Me consolaba, me daba un caramelo, y se me olvidaba el dolor.

En otra ocasión estaba jugando con una ventana de guillotina que estaba aguantada con un trozo de madera. Lógicamente, toqué la madera y cayó la ventana. El problema es que debajo tenía el dedo. De nuevo José Luis en acción. Me cargó en brazos y me llevó a casa de Don José el médico.

A José Luis le encantaba la música. Tocaba la guitarra y el timple. De hecho, estuvo en un grupo tocando la guitarra. A mí me gustaba verlo cuando estaban ensayando porque me dejaba cantar con ellos: «manda jaleo jaleo, ya se acabó el alboroto y vamos al tiroteo» o algo así.

Me acuerdo de que ensayaban también en el puente. Iba en su bicicleta y a veces me llevaba en la parte delantera. Esa bicicleta la heredé yo. Después de rectificarla toda, estaba subiendo una cuesta y se partió en dos. Claro, era un poco vieja.

También estuvo en taekwondo con el maestro Sin, como él lo llamaba. Una noche que salió de entrenar me dijo que le diera un puñetazo para hacerme una llave que había aprendido. Yo me negué en rotundo a pegarle a mi hermano mayor. Sin embargo, tanto insistió que le pegué el puñetazo; con tan mala suerte que no se lo esperaba y le di de lleno. Fue tal la calentura que cogió que me levantó en peso y me tiró al suelo. Pero al final la llave no apareció.

Con 18 años se casó, muy joven. Estuvo viviendo en Tacoronte y, como nos quedaba cerca, lo visitábamos a menudo. Luego empezó a trabajar en la Refinería y se compró un piso en Santa Cruz. A partir de ahí nos veíamos muy de vez en cuando en las comidas familiares, donde siempre venía muy elegante con chaqueta y corbata.

Luego se divorció. A los años conoció a otra chica y vivió con ella como unos 17 años. Fue una época y unos años en los que poco sabíamos de él. Hubo como un distanciamiento familiar.

Después de todas las vueltas de la vida, viajó a Argentina, donde falleció con 66 años. Ni siquiera pude verlo ni despedirme de él. Como le dije a mi madre: «nada; ni un reloj, ni una chaqueta, ni nada de él me sirve. Lo mejor que me dejó son los recuerdos, los buenos recuerdos. Los que jamás se borran».

Siempre lo respeté y lo quise como mi hermano mayor que era. Siempre está y estará haciéndome compañía con su conocimiento, con su amor a la música, y con su sonrisa.

Jesús

José Luis tenía seis años más que yo. Cuando yo tenía unos diez años y él unos 16, pensaba yo que no había nadie más inteligente que él.

A esa edad vi como era capaz de fabricar un televisor o una radio con unas piezas que mandaba a pedir por correo. A mí me parecía imposible que esas cosas se pudiesen hacer en un domicilio, pero mi hermano sí que podía hacerlo. Creo que él jugaba en otra liga. Estaba adelantado a su tiempo; no lo digo porque fuera mi hermano, sino porque era verdad.

También fue la primera persona que vi dedicarse al fisioculturismo. Compraba las revistas de *Instituto Sansón*. Así fue como conocí –con la boca abierta– a Arnold Schwarzenegger y a Sergio Oliva. En casa tenía mancuernas, barras olímpicas, guantes de boxeo, peras, etc.

Por cierto, los guantes de boxeo tuve el gusto de probarlos en un combate, cada uno con un guante. Tal fue que intenté esquivar un golpe, pero me encontré con el guante en la boca y la cabeza contra la pared. Fue un K.O. perfecto.

Cuando cobró su primer sueldo me compró unas botas de fútbol de la marca Adidas. Según decía él eran de las que usaba Beckenbauer. Esas botas fueron mi hábito para el colegio en los partidos de fútbol. Hasta que sucumbieron a la vitalidad de un niño de diez años.

Me acuerdo de que también fue un pionero en la jalea real, la cual pude probar por primera vez. Estaba guardada en una gaveta de su mesa de madera. Yo no sabía si estaba escondida o guardada, pero no me pude resistir a probarla. Era algo diferente.

Luego se echó novia muy pronto y estas trastadas pasaron a la historia.

Mi hermano era así, lo quiero mucho.

José Luis y Bibi

José Luis había conocido a Bibi, una chica argentina. Estuvieron juntos unos dieciocho años. Cuando él se jubiló, a los 58 años, empezó a estudiar medicina china. Muchas veces me contaba las notas que sacaba. Estuvo cinco años hasta que sacó la licenciatura. En Barcelona tuvo lugar un gran evento donde le dieron su título, junto a otros muchos colegas. Luego alquiló una casa en Los Realejos, donde montó su despacho. Poco a poco se fue haciendo con una clientela. Cuando todo iba sobre ruedas, llegó la mala noticia del fallecimiento de la madre de Bibi. Esto fue un palo muy gordo para la familia. Luego, como todas las malas noticias no vienen solas, su padre fue intervenido del corazón en Argentina. Después de sopesar las decisiones ella decidió hacer la maleta para volar a Argentina y así, atender a su padre. Era hija única.

Pasó algo más de un año cuando ella comprobó que su padre no mejoraba. Encima, estaba encamado y perdía la conciencia.

Lo sabíamos todos: José Luis no estaba bien. Él en Tenerife y su pareja en Argentina. Debido a esto tomó una decisión: «mami, me voy a Argentina a ayudar a Bibi con su padre».

Pero claro, él vivía en la casa que alquilaron. Habló conmigo, contándome todos sus temores. ¿Dónde iba a meter todo lo que tenía en esa casa? Si se iba, lo más normal era no seguir manteniendo el alquiler. Yo le contesté: «no hay problema, tráelo todo para mi casa. No importa que las cajas lleguen al techo». Así lo hizo. Empezó a dar viajes en su viejo Mercedes hasta que desalojó la casa.

Seguidamente sacó su pasaje para ir a Argentina. Se fue en febrero y en marzo fue la pandemia y la cuarentena de la Covid-19. Sólo se podía salir al supermercado y a la farmacia, como aquí. La diferencia es que aquí anulaban restricciones, pero en Argentina cada vez había más. Encima no se podía viajar.

Solíamos hablar con ellos por video llamada. Siempre se veían bien y siempre decían que se vendrían pronto, porque vivir allí era imposible por la gran inflación que tenían. Sin embargo, tampoco se podían venir porque su padre aún seguía en cama. Y lo que es peor: no mejoraba.

Quisieron volver; al final no pudo ser.

Junio, 2022

Entramos en junio de 2022. Pronto van a desaparecer los largos y tristes días de este pasado invierno y primavera cuando llueve en la tarde.

Es como una hoja envuelta en niebla. Llueve, la tarde está impregnada por mi tristeza.

A veces viene el aire con tu canción. A veces siento el alma apretada con la ausencia de tu voz.

Llueve; estoy pensando en ti. Nadie vendrá esta tarde a mi triste y callado dolor. Nadie, sólo tu ausencia que me mortifica en las madrugadas.

Regresará tu presencia cuando florezcan las rosas rojas. Esas que me entregarás cuando vaya a compartir contigo ese enigmático cielo que nos cuentan. Debe ser maravilloso encontrarnos en ese lugar donde se encuentra la verdadera paz.

Cariño, en este mes de junio falleció tu padre, y por estas fechas siempre le escribo unas palabras de amor. Hoy me apetece compartirlas contigo.

El amor que nunca muere nos ayuda a seguir el camino. Si no fuese por estas cosas la vida sería un sinsentido. Seguro que ya le habrás contado a tu padre lo que te ha pasado para obrar así y abandonar este mundo.

Este misterio, que sigue mezclando una cosa con otra, nunca lo podría descifrar por más que lo desee. El padre de Bibiana que sigue grave en el hospital, ella que no puede hacer nada. No lo pueden operar porque no hay medios. Tan grave fue el problema que tuvo un desfallecimiento físico. Que difícil poder ayudar con tanta distancia.

El día 5 de junio nos llega una noticia fatal: el padre de Bibi falleció a las 6 de la mañana.

Ella nos cuenta que está en soledad, junto a su padre fallecido, sin ninguna compañía. Que es difícil respirar.

Desde aquí la consolamos con mucha fuerza y tristeza, nada más podemos hacer.

La escuela

El martes día 28 de junio es el último día de clase. Ya estamos de vacaciones de verano; me da mucha pena, pero claro, todos necesitamos desconectar. El viernes organizamos un almuerzo de despedida. Por supuesto, estábamos todos. La reunión del grupo estuvo maravillosa. Todas son unas personas encantadoras. Cómo no, incluido el profesor, al cual apreciamos mucho. Les deseo a todos que tengan un feliz verano.

Yo, por mi parte, voy a seguir escribiendo. Es la promesa que hice: escribir la biografía de mi hijo José Luis. Recuerdo que algunos domingos venían por casa a recogerme. Me llevaban a ver a la Virgen de Candelaria. Le rezábamos en la basílica y a continuación íbamos al espacio de las velas para encender tres o cuatro.

Al salir fuera, me acuerdo, les hice una foto a los dos en la fuente donde se tiran las monedas; quedaron guapísimos.

Seguidamente dábamos un paseo por la avenida viendo los escaparates de las tiendas. Como pasaba siempre, terminábamos en un restaurante.

En otras ocasiones, venían los domingos a comer con nosotros; otras salíamos fuera a comer con ellos. Visitábamos a su hijo Enrique, que vive en Candelaria, que hacía unos asados estupendos.

Recuerdo que a mi madre le encantaban las flores. Mi padre las regaba y, a consecuencia de esto, se formaba una pequeña charca. Al lado de esa charca jugaba José Luis de pequeño, y en ese lugar espectacular se había formado con el paso de los años un vergel, donde brotaba y crecía la vegetación. El naranjo, el hibisco. Junto a ellos crecían toda clase de hierbas aprovechando la humedad del agua. Crecía la vida libremente.

Allí jugaba José Luis con sus amiguitos ignorando todos los problemas. Junto a la casa de su abuela.

Te quiero.

Los 4 besos de las 11

Después del triste fallecimiento de mi hijo José Luis, he tenido la suerte de contar con el apoyo de mucha gente. Los amigos, la familia, mis hijos; a todos, mi agradecimiento. De entre todos hay una persona que me gustaría destacar, sin menospreciar a nadie; solo porque he sentido su cercanía. Es la impresión de haber recuperado a alguien. Es mi nuera Maqui. Te estoy muy agradecida por todo el apoyo, cariño, y amor que me has transmitido en estos malos momentos. Hace poco me hizo un escrito. He decidido que debe estar aquí conmigo y quedarse para siempre. Por lo que lo relataré tal cual lo hizo ella:

Te daré un beso cada día. Será para quitarme horas de amargura y días de nostalgia.
Que ese beso, cada día, te llene el alma de alegría y noches de esperanza.

Antes de las 11 de la noche, ese beso llegará y será como esa hoja que separas del calendario.
Esas confidencias de cada día me dejan el sabor a miel en los labios.
Ver tu cara de alegría es como ver el alba.

Y es que cada lágrima tuya me rompe el alma.
En tus pasos lentos y pausados se aprecian
los años que cargas en tu espalda;
con tus vivencias, alegrías, y malos tragos.

Me ha costado una eternidad escribir
estas palabras porque es muy fácil relatar
la hipocresía en la escritura, pero lo difícil
es plasmar la sinceridad.

Volverte a ver sonreír es para mí
un reto conseguido.
Como dice mi suegra:
«adelante con los faroles».

Maqui

La intuición es el susurro del alma.
Cuando ella habla, no explica.
Simplemente nos muestra el camino.

Anónimo

La suerte que tienen las personas
de más de 60 años
(de pequeños no imaginábamos
tanta riqueza):

plata en el cabello, oro en los dientes,
piedras en los riñones, azúcar en la sangre,
plomo en los pies,
y hierro en las articulaciones.

Luna llena

Ocurrió en una noche del mes de agosto, hace tres años. José Luis aún no se había ido por última vez a Argentina. Me llamó la atención la inmensa claridad que había en plena noche, por lo que salí al patio, con curiosidad. Lo que vi me dejó alucinada: la luna había salido entre las montañas; mis queridas montañas.

Ese día estaba espectacular; era mayor y más deslumbrante que nunca. Desprendía una luminosidad nunca vista que alumbraba todos los alrededores, todo el valle. Llamé a José Luis para que la contemplara. Él trajo su teléfono móvil y, sin decirme nada, me sacó una foto. Yo estaba ensimismada mirándola. Fue la última foto que me hizo.

Esa foto siempre va conmigo, me ilumina la cara con su luz; también las casas cercanas y la carretera. Siento que es esa luz la que me ilumina cada día para tenerte siempre a mi lado, contándome lo que hacías. Tenías unas posturas y una manera de caminar que es imposible olvidarte. ¡Qué buena persona fuiste!, siempre respetuoso con todas las personas que tuvieron la suerte de conocerte.

La última vez que pudimos hablar con ellos por video llamada me mandaron muchos besos volados. Esos besos salieron del alma y del corazón, los guardé en una cajita

muy especial. No se ven, pero estarán ahí mientras yo viva.
La pena no tiene caducidad.

Puedes llorar porque se ha ido o puedes sonreír porque
ha vivido.

Puedes cerrar los ojos y rezar para que vuelva o abrir-
los y ver lo que ha dejado".

Tu corazón puede estar vacío porque no lo puedes ver
o estar lleno del amor que compartisteis.

Puedes llorar, cerrar tu mente, sentir el vacío y dar la
espalda o puedes hacer lo que a él le habría gustado:
Sonreír, abrir los ojos, amar
y seguir.

MARISOL BURÓN

Noche de tragedia

Desde que falleció mi esposo siempre me he quedado sola por las noches. No tengo miedo si estoy sola, sé que siempre me acompañan mi esposo y Dios. Ahora me acompaña también mi hijo. De hecho, si estoy en mi casa me siento bien, porque es parte de mi historia y de mi vida. En la noche del 31 de marzo de 2022, o mejor dicho, en la madrugada, sonó el teléfono.

Me desperté sobresaltada porque no es normal que te llamen de madrugada, si recibes llamadas a esas horas suelen ser malas noticias. Era mi nieto Enrique, el hijo de José Luis.

Con voz entrecortada me dijo: «abuela, ¿es verdad que mi padre falleció?».

Me quedé petrificada: «no puede ser, imposible». Le dije que por favor que no me engañara con esas cosas. En ese momento llegó mi hijo Jesús a la habitación. Al ver que venía con lágrimas en los ojos comprendí que el fatal desenlace se había producido.

Después supe que ellos se habían enterado sobre las 11 de la noche, pero acordaron darme la noticia por la mañana.

Ese día estuvimos toda la familia reunida y en contacto con Bibiana, que estaba en Argentina. Ella estaba destrozada; aún no asimilaba lo que había pasado. Sus palabras eran que José Luis se fue sin decir adiós.

A partir de ese día hay momentos en los que me duele más el alma que el corazón. Un corazón que hace muchos años que está roto y desgastado por el paso de los años.

A veces te pienso y te veo. Te veo caminando junto a tu padre por los pasillos celestiales. Tengo una mezcla de amor y de pena. Y es en esos momentos en los que pienso: gracias a la esperanza y la fe, podemos sobrellevar los golpes que nos da la vida sin previo aviso.

Serás el guía de nuestros caminos. Mientras, estarás siempre con nosotros y con tu querida Bibiana. Así será mientras vivamos.

Recordándote a ti

Recuerdo que recibimos una carta del tío José, el del colegio de Buenos Aires. Era para ponernos en conocimiento que había conseguido una entrevista con el director del Colegio La Salle, también conocido como el «Colegio de los Hermanos», de La Laguna. Nos llamó pronto para hablar con nosotros y al final decidió que el niño podía ingresar en el colegio para hacer el bachiller superior. Como mi marido, Pepe, trabajaba en la fábrica de puros de Álvaro, se encargaba de llevarlo. Lo recogía a mediodía para ir a comer a Casa Micaela, que era una fonda antigua donde hacían comidas caseras. Volvía a llevarlo para después volver a recogerlo por la tarde.

Desde que José Luis ingresó en el colegio ya se le veía poseer una mente privilegiada para los estudios. Era muy elegante y guapo. Cuando se reía, también sus ojos sonreían; era muy simpático, siempre estaba contando chistes. Podía tener algo que no gustara, pero lo más normal era caer bien a la mayoría. «Soy su madre».

A los 19 años terminó el bachiller superior. Como se hacía antes, probó suerte en la Refinería con el típico:

«venía a ver si hay trabajo»; y ahí se quedó trabajando durante 15 años. Incluso recibió una medalla de bronce por el tiempo trabajado. Seguidamente encontró una novia y se casó. En poco espacio de tiempo nació mi nieta, Eugenia, que fue en un tiempo cantante de ópera.

José Luis era muy inquieto en cuestión de estudios. Dentro de la Refinería daba clases de imagen y sonido que previamente ya lo tenía aprobado en el Politécnico de Santa Cruz. Por esa época se enteró que en Televisión Española estaban solicitando técnicos de imagen y sonido. Se presentó y aprobó. Como decía él: «ahora trabajo menos y cobro más». Estuvo ahí aproximadamente 20 años.

Una vez hicimos una excursión para conocer por dentro la tele y estuvimos donde trabajaba José Luis. Era una sala enorme, llena de pantallas por todos lados. Él tenía que controlar si la imagen y el sonido iban bien. Ahí se jubiló.

En ese espacio de tiempo tenía dos hijos: Eugenia, y un niño que se llamaba Enrique. El matrimonio empezó a ir mal, pero eso no quita que José Luis fuera un padre ejemplar. Al ganarlo bien, a sus hijos nunca les faltó nada. Estudiaron lo que quisieron. Él los quería mucho, y es que también tenía la virtud de ser muy cariñoso.

Esta separación no la encajaron bien sus hijos, por lo que estuvieron distanciados un tiempo. José Luis se vino para mi casa, renunciando a todo lo que tenía. Un piso en Santa Cruz y varias casas que se las dejó a sus hijos.

Estuvo como un año viviendo en mi casa, y de ahí se iba a trabajar a *TVEspañola.*

Pasado un tiempo conoció una chica argentina de la cual se enamoró locamente.

Rumbo a Candelaria

Era el 15 de agosto, día de nuestra patrona: la Virgen de Candelaria. Me puse a ver la maravillosa representación en la que a los guanches se les aparece la Virgen en los arenales de Candelaria. Me pareció algo etéreo, irreal, con una rara mezcla de arena y agua del mar. Duró casi hasta las 12 de la noche.

Me fui a la cama muy feliz de ver este evento. Como siempre que vamos entrando en ese trance que es el sueño, me vino a la cabeza cuando en una ocasión José Luis y Jesús, dos de mis hijos, decidieron ir caminando desde Tacoronte hasta Candelaria con el fin de pagar una promesa.

Mi esposo y yo habíamos quedado con ellos, los esperaríamos en Candelaria para llevarlos luego a casa.

No sé si serían las 8 o las 9 de la mañana cuando los vimos aparecer en la lejanía. Lo primero que nos sorprendió fue que parecían dos mendigos. Nos parecieron más escuálidos; arrastraban los pies de la poca energía que les quedaba.

Los acompañamos a la basílica a cumplir con su promesa.

Bendita seas Patrona, como madre y el hijo que llevas en tus brazos.

Esa es mi tierra canaria. Cuando canto al sol, canto a la naturaleza; cuando yo cantaba. Cuando veo la luna mi alma rebosa de colores. Entre mis recuerdos hay uno que demuestra tu inteligencia y tu creatividad: te encantaba tocar la guitarra, el timple, la música en general.

Hoy hay fuego en el alma porque si se queman los bosques, se quema mi tierra.

En este momento amo en silencio, cuando me desbordan las ganas de llorar.

Sueños

Sueños que me atrapan en las largas noches sin ti. Anoche soñé con el hijo de mis entrañas, con mi hijo José Luis. Era pequeñito. Lo cogí en mis brazos, lo acuné y le canté el arrorró. El cerró sus ojitos y enseguida se quedó dormido en mis brazos. Por un momento reviví aquellos felices días de mi vida entre la pobreza y la escasez. Fue una experiencia inolvidable, hermosa. Hoy sueño. Sueño que se afilan las hojas de los cuchillos para grabar en cualquier árbol un espectáculo de traiciones y locuras. Siempre pienso en ti, mi querido hijo. Y pienso en ti porque te quiero. Para ti, mi amor:

Juventud, divino tesoro,
te vas para no volver.
Cuando quiero llorar no lloro
Y a veces lloro sin querer.

RUBÉN DARÍO.

Tus Flores No Tienen el Mismo Color

Esta mañana era uno de esos días en que me cuesta levantarme de la cama. Hubiese deseado seguir soñando para seguir viendo y tocando a mi hijo José Luis. Cuando estaba en mi casa, todas las noches iba a su habitación. Siempre estaba escribiendo con el ordenador. Le daba dos besos y le hacía carantoñas en el pelo: «hasta mañana». ¿Cómo se pueden olvidar todos estos momentos? Me levanté de la cama sintiendo una agradable brisa en mi cara, un aire muy agradable. El cielo estaba limpio; ni una nube. De un espectacular color azul. Se reflejaba en el mar, que también tenía el mismo color. Las palmeras de mi montaña ni se movían. Pensé que era un precioso día de junio para dejar atrás por un momento mi pena y escribir.

> La lágrima que más duele no es la que sale
> [de los ojos y resbala por la cara.
> Esa se puede secar.
> La que más duele es la que sale en silencio
> [del corazón y resbala por el alma.

> MARIO BENEDETTI.

Tiene mucha razón Benedetti: dice que las lágrimas se pueden secar. La que más duele es la del corazón que en silencio va resbalando por el alma. Que va dejando una dolorosa huella, que se va arrastrando como si fueran copos de nieve. Que se endurece para dar energía al corazón para que se sobreponga. Que ayuda con sus latidos a la persona que sufre y que sigue derramando lágrimas ocultas.

Te quiero.

Anexo de Fotos

La escuela de Concha Mendoza, 1956

El día de la boda de Concha Mendoza y José Rodríguez
en Valle de Guerra

Pepe, Concha, y José Luis
en Valle de Guerra

Valle de Guerra

José Luis en Venezuela

José Luis con el balón de
Juanito, Valle de Guerra

«Con mucho cariño a mi adorado esposo. A hijito que te amamos locamente y nunca te olvidamos. Tu esposa Concha e hijito José Luis», Valle de Guerra

José Luis a los dos años y
diez meses, Valle de Guerra

«Mi querido papaíto, tengo
unas ganas profundas de
que me veas caminando»

José Luis Rodríguez Mendoza
6 a. m., Valle de Guerra

Valle de Guerra

«A tío y tía Angelita, con mucho cariño de tu
sobrinito José Luis», Valle de Guerra

José Luis de pequeño en Valle de Guerra

En Venezuela, 1958
Fábrica Italiana de Costura, con nuestro niño José

José Luis leyendo su discurso en su graduación
de Medicina China, Madrid

José Luis y su hija, Eugenia María

Enrique, hijo de José Luis, y su esposa

José Luis con su pareja, Bibiana
París, 26 de noviembre de 2007

ÍNDICE